Grandes Découvertes | numéro **1**

AF399738

CHRISTOPHE COLOMB
ET LE NOUVEAU MONDE

Une erreur qui mène
à la découverte
de l'Amérique

par Romain Parmentier

50MINUTES

Avec la collaboration de Fabrizio Melai

CHRISTOPHE COLOMB — 5

Carte d'identité

Introduction

BIOGRAPHIE — 7

Enfance et apprentissage

Un projet longtemps refusé

Les expéditions

CONTEXTE POLITIQUE, SOCIAL ET ÉCONOMIQUE — 9

Le début des grandes découvertes

La chute de Constantinople et ses conséquences

La fin de la Reconquista et l'émergence de l'Europe

La genèse d'un grand projet

L'EXPÉDITION — 14

Les préparatifs

Atteindre l'est en passant par l'ouest

La première colonie

Un autre monde

À la recherche du passage

RÉPERCUSSIONS DE L'EXPÉDITION — 26

L'hégémonie de l'Europe sur le monde

Le choc microbien et ethnocide des populations d'Amérique

Une géographie à jamais bouleversée

EN RÉSUMÉ — 29

POUR ALLER PLUS LOIN — 32

CHRISTOPHE COLOMB

CARTE D'IDENTITÉ

- **Naissance ?** Entre le 25 août et le 31 octobre 1451 à Gènes (république de Gènes)
- **Mort ?** Le 20 mai 1506 à Valladolid (royaume d'Espagne)
- **But des expéditions ?** Tracer une route commerciale vers l'Asie et les Indes en passant par l'ouest
- **Régions du monde explorées ?**
    - 1ᵉʳ voyage : les Bahamas, Cuba, Hispaniola (île d'Haïti)
    - 2ᵉ voyage : les Petites Antilles, la Jamaïque
    - 3ᵉ voyage : l'île de La Trinité, l'Amérique du Sud, l'embouchure de l'Orénoque (fleuve d'Amérique du Sud)
    - 4ᵉ voyage : les côtes du Honduras (Amérique centrale), du Costa Rica et du Panama
- **Découverte notoire ?** Le continent américain

INTRODUCTION

> « Comme la caravelle *Pinta* était le meilleur voilier et allait devant la nef amirale, ce fut elle qui découvrit la terre [...]. (BALARD (Michel), *Christophe Colomb. Journal de bord 1492-1493*, Paris, Imprimerie nationale, 1992, p. 70)

Nous sommes le 12 octobre 1492, il est 2 heures du matin. Cela fait 33 jours que Christophe Colomb et l'équipage de ses trois caravelles ont quitté les terres connues. Ils débarquent dans un nouveau monde et n'ont pas conscience de la découverte qu'ils sont en train de faire, pensant atteindre l'Asie.

L'entreprise n'était pourtant pas gagnée d'avance et, pendant de nombreuses années, le projet de l'explorateur est refusé, car jugé irréalisable. En effet, l'enjeu est de taille : il s'agit de trouver une nouvelle route par l'ouest pour atteindre les Indes, symboles de richesse et de prospérité avec ses épices et son or. Ce n'est qu'en avril 1492 que l'expédition de Christophe Colomb est enfin acceptée par les souverains espagnols. Son épopée peut dès lors commencer.

Christophe Colomb réalise quatre voyages vers l'ouest et vers ce qu'il ignore être le continent américain. Chacun d'entre eux est riche en découvertes et élargit les connaissances acquises en géographie. Mais l'exploration de nouvelles terres va de pair avec la colonisation, qui bouleverse l'histoire de l'Espagne. Celle-ci deviendra l'un des États les plus puissants de l'époque moderne. L'Europe, qui sort du Moyen Âge, s'apprête ainsi à devenir la maîtresse du monde.

BIOGRAPHIE

ENFANCE ET APPRENTISSAGE

Navigateur et explorateur, Christophe Colomb est le premier Européen de l'époque moderne à traverser l'Atlantique et à atteindre le continent américain alors inconnu. Lorsqu'il naît, probablement entre le 25 août et le 31 octobre 1451 à Gênes, il est pourtant bien loin d'un tel destin. Fils aîné d'un modeste tisserand, il doit avant tout apprendre le métier de son père. Mais cette perspective n'enchante guère le jeune homme qui finit par renoncer définitivement au métier de la laine. Il devient alors marin et réalise de nombreux voyages commerciaux en Méditerranée. Parallèlement, il acquiert une bonne connaissance du monde connu à travers ses nombreuses lectures.

UN PROJET LONGTEMPS REFUSÉ

En 1476, le navigateur s'embarque pour le Portugal. C'est dans ce pays, où l'exploration des mers a déjà débuté, que Christophe Colomb parachève sa culture et prépare son projet d'accéder aux Indes par l'ouest alors que tous essayent de gagner l'Orient en contournant l'Afrique. En 1484-1485, le navigateur décide de faire part de son idée au roi du Portugal Jean II (1455-1495), qui refuse de financer une expédition jugée irréalisable. Humilié et criblé de dettes, Christophe Colomb décide de quitter Lisbonne pour l'Espagne. En janvier 1486, il est reçu à la cour des rois catholiques, Isabelle de Castille (1451-1504) et Ferdinand II d'Aragon (1452-1516), qui, bien qu'intéressés, mobilisent leurs moyens dans la reconquête de Grenade, alors aux mains des Maures (musulmans d'Andalousie). Le projet de Christophe Colomb demeure donc en suspens.

Mais la prise de Grenade en janvier 1492 lui redonne espoir. Son heure est enfin arrivée : il rencontre à nouveau les souverains qui finissent par avaliser son projet. Le contrat est officialisé en avril 1492 par les capitulations de Santa Fe. Les rois catholiques font de Christophe Colomb l'amiral de la mer Océane et le nomment vice-roi ainsi que gouverneur général des terres qu'il découvrira. Le Génois peut enfin se lancer dans le projet de sa vie.

LES EXPÉDITIONS

Le 3 août 1492, l'épopée commence au départ de Palos, un promontoire de la côte hispanique. Après avoir rejoint les Canaries, Christophe Colomb part vers l'ouest. Une longue traversée débute alors. Ce n'est que dans la nuit du 11 au 12 octobre que la terre apparaît à nouveau. Christophe Colomb se croit en Asie, alors qu'il vient en fait de trouver les Bahamas, Cuba et Hispaniola. De retour en 1493 en Espagne, il prépare immédiatement un deuxième voyage afin de fonder une colonie. Une fois celle-ci installée sur Hispaniola, il continue son exploration, découvrant les différentes îles des Caraïbes, avant de rentrer en 1496. Deux ans plus tard, il reprend la mer pour une troisième expédition. Pour la première fois, il accoste sur le continent sud-américain et découvre l'île de La Trinité. Il rejoint ensuite la colonie espagnole sur Hispaniola, mais il ne peut maîtriser une rébellion qui éclate contre lui. Déchu de son titre de gouverneur et arrêté par les colons, en 1500, il est renvoyé en Espagne où il est fait prisonnier, du fait de sa mauvaise gestion de la colonie et du commerce d'esclaves qu'il a mis au point. Libéré par les souverains, il repart en 1502. L'amiral cherche alors un passage vers les Indes, mais il se heurte aux côtes de l'Amérique centrale. Subissant un violent ouragan, le voyage tourne au désastre et Christophe Colomb est contraint de retourner en 1504 en Espagne, pays qu'il ne quittera plus. Le 20 mai 1506, il s'éteint à Valladolid avec la conviction d'avoir trouvé une route pour atteindre l'Asie par l'ouest et non un nouveau continent.

CONTEXTE POLITIQUE, SOCIAL ET ÉCONOMIQUE

LE DÉBUT DES GRANDES DÉCOUVERTES

Si Christophe Colomb est à l'origine de l'une des plus grandes découvertes de l'histoire moderne, il n'est pas le premier à prendre la mer à la recherche de nouvelles terres et de nouvelles routes commerciales. Déjà au XIIIe siècle, des Européens, à l'instar de Marco Polo (voyageur vénitien, 1254-1324), s'engagent sur la route de la soie afin de découvrir l'Asie et ses merveilles. Il faut toutefois attendre le début du XVe siècle pour que ce mouvement d'exploration prenne de l'ampleur, notamment du côté de l'océan Atlantique. À l'origine de cette impulsion, qui permettra à l'Europe de s'ouvrir sur le monde, se trouve un jeune prince portugais : Henri, surnommé le Navigateur (1394-1460), troisième fils du roi Jean Ier (1357-1433).

Après avoir chassé les Maures, le Portugal, devenu indépendant, se trouve une nouvelle vocation dans l'expédition maritime grâce à l'infant Henri. Passionné de géographie et au fait des textes antiques que l'Europe commence à redécouvrir, le jeune prince entend faire entrer son nom dans l'histoire. Il lance alors le Portugal dans l'expansion maritime. Parallèlement, il s'entoure de savants et fonde une école de navigation à Sagres (cap Saint-Vincent), où il favorise les avancées technologiques.

Tout au long du XVe siècle, les expéditions se multiplient à la recherche d'or, de marchés agricoles, de nouvelles routes menant aux Indes, mais aussi du mythique royaume du prêtre Jean. En 1418, les Portugais découvrent Madère ; en 1427, les Açores. Ils passent le cap Bojador (Sahara occidental) en 1434, le cap Vert en 1445, découvrant l'embouchure du fleuve Sénégal, et mènent bien d'autres explorations encore. Ils s'approprient ainsi les côtes de l'Afrique jusqu'à dépasser le cap de Bonne-Espérance en 1488. Ces entreprises fascinent bien évidemment les hommes de l'époque et ce goût pour l'aventure envahit peu à peu l'Europe.

LA CHUTE DE CONSTANTINOPLE ET SES CONSÉQUENCES

L'exploration de nouvelles routes maritimes débute donc au XVe siècle, mais un événement marquant accélère le mouvement des expéditions. Le 29 mai 1453, le sultan ottoman Mehmed II (1432-1481) met fin à près d'un millénaire d'histoire byzantine en prenant possession de Constantinople, capitale de l'Empire byzantin. Considérée comme la porte de l'Orient par les Européens, la ville est désormais annexée à l'Empire ottoman, ce qui aura un impact direct sur l'exploration maritime.

Siège de nombreux centres intellectuels, l'Empire byzantin a su conserver tout au long de son existence les savoirs – notamment géographiques – hérités de l'Antiquité, de même que ceux issus des traditions byzantine et arabe. Or, sa dislocation entraîne la fuite de nombreux savants et érudits vers l'Europe occidentale, qui emportent leurs connaissances, mais aussi une partie de cet incroyable patrimoine dont Byzance est l'héritière. L'arrivée de ces intellectuels permet dès lors aux Européens de se replonger dans les textes antiques et de découvrir ceux issus du monde arabe. Les anciennes représentations du monde, telles que celle véhiculée par Claude Ptolémée (savant grec, vers 100-170), réapparaissent donc et nourrissent l'esprit des aventuriers. Bien qu'elle introduise des erreurs de mesurage, cette redécouverte renouvelle les idées sur la sphéricité de la Terre et le repérage des lieux au moyen de coordonnées géographiques.

La chute de Constantinople a également un impact immédiat sur les relations commerciales entre l'Occident et l'Orient. Les marchandises orientales (soie, épices, encens, etc.), très convoitées en Europe, passaient en partie par la capitale. Or, la chute de la ville et l'expansion ottomane entraînent une hausse des taxes, ralentissant de ce fait le commerce. La recherche de nouvelles routes commerciales s'avère dès lors d'autant plus importante pour les Européens qui veulent atteindre les Indes sans passer par l'intermédiaire ottoman.

LA FIN DE LA RECONQUISTA ET L'ÉMERGENCE DE L'EUROPE

L'an 1492 est une année prodigieuse, non seulement pour Christophe Colomb, mais également pour l'Espagne, qui met fin à près de huit siècles d'occupation mauresque sur son territoire. Grâce à la reprise de la ville de Grenade le 2 janvier 1492, les rois catholiques Isabelle de Castille et Ferdinand II d'Aragon parviennent à unifier l'Espagne et mettent ainsi fin à la Reconquista. Le pays peut désormais s'ouvrir à l'exploration maritime et concurrencer son voisin portugais. Par ailleurs, les souverains sont mus par un objectif religieux. En effet, fervents défenseurs de la foi, ils entendent bien propager la chrétienté en évangélisant de nouveaux territoires.

L'Europe tout entière est également en pleine mutation. On remarque en effet des progrès significatifs dans de nombreux domaines, poussant le continent à s'ouvrir vers l'extérieur. Ainsi, les grandes épidémies de peste se raréfient et la population s'accroît peu à peu. Le renouveau des villes fait émerger une bourgeoisie entreprenante avide de profit. Enfin, la féodalité laisse progressivement place à des États désireux d'étendre leurs possessions.

Mais de nouveaux défis se présentent également à elle. La menace musulmane à l'est, que les nombreuses croisades n'ont pu éteindre, en est l'exemple concret. Bloquant non seulement la route des épices, les Turcs et les Arabes des zones subsahariennes empêchent aussi l'approvisionnement en or, et donc en monnaie, de l'Europe. Or les réserves de monnaie diminuent considérablement, ce qui provoque de graves crises économiques entre 1330 et 1450. Il devient donc nécessaire de partir à la recherche de ce précieux matériau pour approvisionner les différents États.

Enfin, il convient de prendre en compte les progrès réalisés en géographie et en cartographie. En 1492, le cosmographe et naviga-teur allemand Martin Behaim (1459-1507) réalise le premier globe terrestre. Au même, une cartographie entièrement destinée aux navigateurs voit le jour : il s'agit des portulans qui, par un système de roses des vents et d'échelles, rendent les voyages maritimes plus précis.

LA GENÈSE D'UN GRAND PROJET

Lecteur infatigable des auteurs antiques, des voyages de Marco Polo ou encore de l'*Imago mundi* de Pierre d'Ailly (prélat et théolo-gien français, 1350-1420), Christophe Colomb entend bien faire ses preuves. Il sait que la Terre est ronde et ses lectures l'ont convaincu d'une chose : l'océan Atlantique est plus étroit qu'il n'y paraît.

Le trajet entre l'Europe et l'Orient par l'ouest semble de ce fait réalisable, et il s'agit d'une occasion rêvée pour échapper à l'intermédiaire arabe ou au long contournement de l'Afrique.

Les calculs qu'il effectue sur la base de ceux réalisés par Marin de Tyr (géographe grec, Ier-IIe siècle) et des théories de Claude Ptolémée sont pourtant bien éloignés de la réalité. Le navigateur est d'abord persuadé que les continents connus que sont l'Europe, l'Afrique et l'Asie couvrent 62,5 % du globe terrestre. Or ces derniers ne représentent que 36,11 %, rendant les terres connues proportionnellement plus petites et les mers plus grandes. Il estime également la circonférence de la Terre à quelque 30 000 kilomètres, alors qu'elle est de 40 000 kilomètres. C'est sur ces bases erronées que Christophe Colomb estime la distance qui sépare les Canaries de la riche île de Cipangu (nom médiéval du Japon) à 4 400 kilomètres, alors qu'elle est de 22 200 kilomètres.

Toutefois, s'il avait eu connaissance de ces distances, peut-être n'aurait-il jamais entrepris un tel voyage. Toujours est-il que, lorsque, le 12 octobre 1492, il aperçoit une terre là où il pensait en trouver une, Christophe Colomb n'imagine pas une seconde qu'il vient tout juste de découvrir un nouveau continent ; il pense au contraire avoir réussi son projet en accostant tout près de Cipangu.

L'EXPÉDITION

LES PRÉPARATIFS

Outre les titres et les éventuelles richesses à venir, les capitulations de Santa Fe n'accordent que peu de moyens à Christophe Colomb. Les monarques lui allouent deux millions de maravédis (monnaie de bronze) pour affréter et armer trois navires fournis par la ville de Palos. Là-bas, le navigateur est mis en relation avec l'armateur Martin Alonso Yanez Pinzon (1440-1493), qui met à sa disposition deux caravelles : la *Pinta* (la « Maquillée ») et la *Niña* (la « Petite »), aux noms évocateurs de filles de joie.

La caravelle est, à l'époque, le bateau le plus abouti pour la navigation en haute mer. Son invention remonte pourtant au XIIe siècle, mais de nombreuses innovations n'ont fait qu'accroître son efficacité. Utilisant moins de bois, les caravelles du XVe siècle sont plus légères, ce qui limite le tirant d'eau (hauteur de la partie immergée), accroît leur performance et facilite les manœuvres. D'une longueur d'environ 23 mètres et d'une largeur de 6,5 mètres, la caravelle dispose de trois à quatre mâts dotés à la fois de voiles carrées pour la propulsion et d'une voile triangulaire.

Pour Christophe Colomb, un troisième navire s'avère toutefois nécessaire. Il finit par trouver une occasion auprès de l'armateur Juan de la Cosa (vers 1449-1510) et achète une caraque (sorte de grosse nef) appelée la *Gallega*. Plus arrondie que la caravelle, elle est aussi plus imposante et donc moins rapide, mais elle peut contenir jusqu'à 110 tonneaux contre une soixantaine pour la caravelle. Christophe Colomb la rebaptise immédiatement *Santa Maria* et fait de ce navire le vaisseau amiral qui porte la majorité du ravitaillement.

L'amiral doit ensuite recruter trois équipages pour chacun d'entre eux. Or, pour beaucoup, l'expédition de Christophe Colomb est un départ sans retour. La peur et l'incertitude sont de mises. En effet, alors que la théorie a démontré que la Terre était ronde, personne n'en a encore fait l'expérience, et l'océan Atlantique, surnommé la mer ténébreuse, est, selon les légendes, peuplé de monstres marins en tout genre. Engager des hommes dans une telle aventure n'est donc pas chose aisée. Mais, aidé de ses armateurs, Christophe Colomb réussit cependant à rassembler des marins en quête de fortune :

- 22 hommes prennent possession de la *Niña* ;
- 26 de la *Pinta* ;
- 39 de la *Santa Maria*.

Avec quinze mois de vivres et six mois d'eau chargés à bord des navires, tout est enfin prêt. L'aventure peut commencer.

ATTEINDRE L'EST EN PASSANT PAR L'OUEST

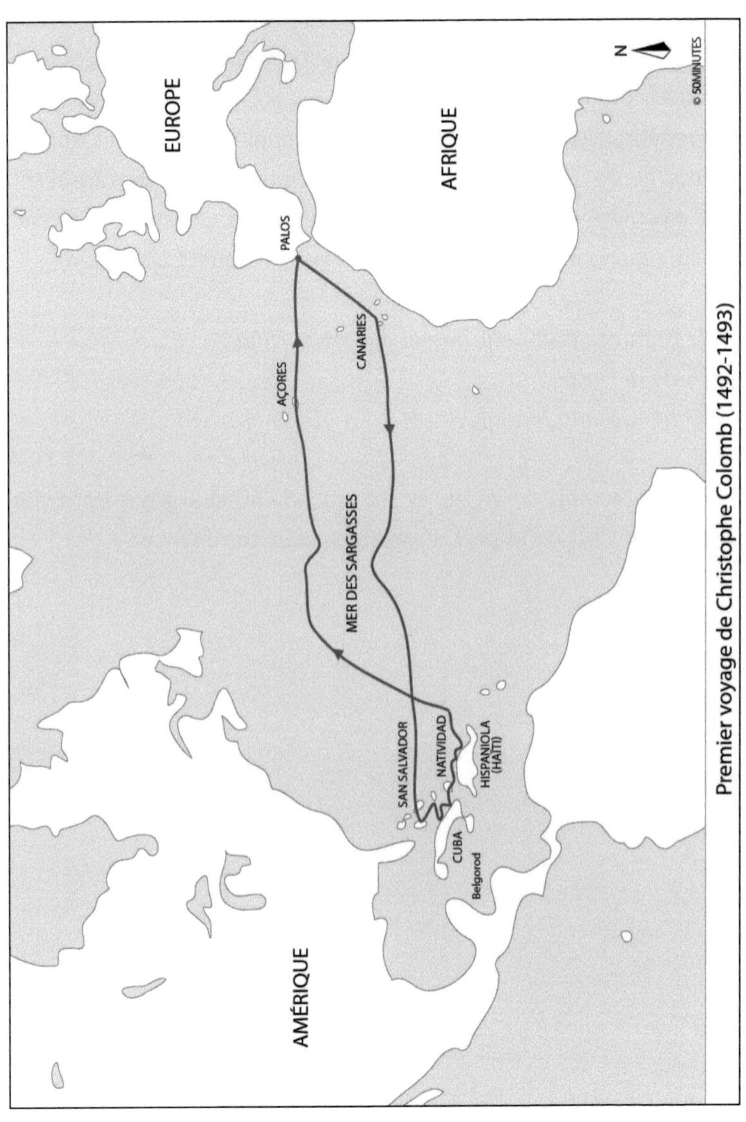

Premier voyage de Christophe Colomb (1492-1493)

Au matin du 3 août 1492, le départ est donné depuis Palos. Alors que son objectif se trouve à l'ouest, Christophe Colomb descend en latitude pour atteindre les Canaries et ses alizés propices à une traversée de l'océan. Mais après trois jours de navigation, les ennuis commencent : le gouvernail de la *Pinta* se rompt. Réparé avec des moyens de fortune, le navire arrive tout de même aux Canaries quelques jours après la *Niña* et la *Santa Maria*. Faute de trouver un autre bateau, Christophe Colomb doit attendre la fin des réparations et ne quitte l'archipel que le 6 septembre.

Le 9 septembre, les équipages aperçoivent pour la dernière fois les terres connues. Comme prévu, le vent est bon, voire fort, faisant naître les premières incertitudes au sujet du retour. Mais d'autres frayeurs hantent l'esprit des marins. Le 17 septembre, ces derniers découvrent pour la première fois la mer des Sargasses (au nord de l'océan Atlantique), envahie d'algues qui couvrent des milliers de mètres carrés. Si, dans un premier temps, ce phénomène est perçu comme le signe d'une terre proche, il finit par effrayer les marins qui craignent de voir les bateaux s'empêtrer en plein milieu de l'océan.

Le temps semble long et la patience des marins montre déjà des signes de faiblesse. Alors que l'amiral les exhorte à la persévérance en leur disant que la terre est proche, rien ne se dessine à l'horizon. L'inquiétude finit par s'installer dans le chef de Christophe Colomb, qui, le 1ᵉʳ octobre, ne sait plus où il est. La tension est telle que, le 10 octobre, une mutinerie est proche d'éclater, mais Christophe Colomb parvient à l'arrêter en proposant à ses hommes un compromis : si dans trois jours, aucune terre n'est en vue, il envisagera de rebrousser chemin.

Le jeudi 11 octobre, les marins aperçoivent de nombreux branchages qui flottent autour des caravelles, dont un morceau de bois taillé au couteau. Plus de doute : la terre est proche, et elle est habitée.

À 2 heures du matin le 12 octobre, c'est enfin la délivrance : « Terre ! Terre ! », s'écrie le marin de la *Pinta*, Rodrigo de Triana (né vers 1469). Christophe Colomb baptise la première île San Salvador, qui est bel et bien habitée. Pensant être aux Indes alors qu'il vient de découvrir les Bahamas, il nomme les habitants « Indiens ». Ceux-ci, émerveillés devant les Espagnols, se présentent à eux nus, ne portant sur le corps que des peintures. Lorsque débutent les marchandages, les Espagnols ont tôt fait de comprendre qu'ils ne disposent ni d'or ni d'épices.

Le 14 octobre, Christophe Colomb décide de reprendre la mer, passant d'île en île. Le 28, il atteint Cuba, qu'il pense être Cipangu. Néanmoins, en dehors de bracelets, de ceintures et d'anneaux, l'or n'est toujours pas présent en quantité. Ignorant qu'il s'agit d'une île, le navigateur finit par considérer Cuba comme l'extrémité du continent asiatique. Il poursuit ensuite son voyage et aperçoit une autre île que les Indiens nomment Cibao et qu'il pense à nouveau être la Cipangu tant attendue, mais qui correspond en réalité à Haïti. Ses espoirs s'éteignent rapidement et l'île est rebaptisée Hispaniola. L'exploration continue, de même que les rencontres avec les indigènes et les marchandages. Toutefois, le jour de Noël, un drame survient : la *Santa Maria* s'échoue sur des hauts fonds. Les marins sont saufs, mais désormais trop nombreux pour les deux caravelles restantes, forçant certains à rester sur place. C'est ainsi que Christophe Colomb fonde Natividad, un fortin sur la côte d'Hispaniola.

Rassemblant tout ce qu'il faut pour impressionner les souverains espagnols, Christophe Colomb juge qu'il est temps de rentrer et emmène avec lui quelques Indiens. Le 16 janvier 1493, il repart avec la *Pinta* et la *Niña* pour l'Europe, dans des mers agitées qui manquent plusieurs fois de couler les navires. Le 15 février, les Açores sont en vues et, un mois plus tard, Christophe Colomb est de retour à Palos. L'accueil est triomphal, tout le monde étant persuadé qu'il a réussi à atteindre l'Asie par l'ouest.

LA PREMIÈRE COLONIE

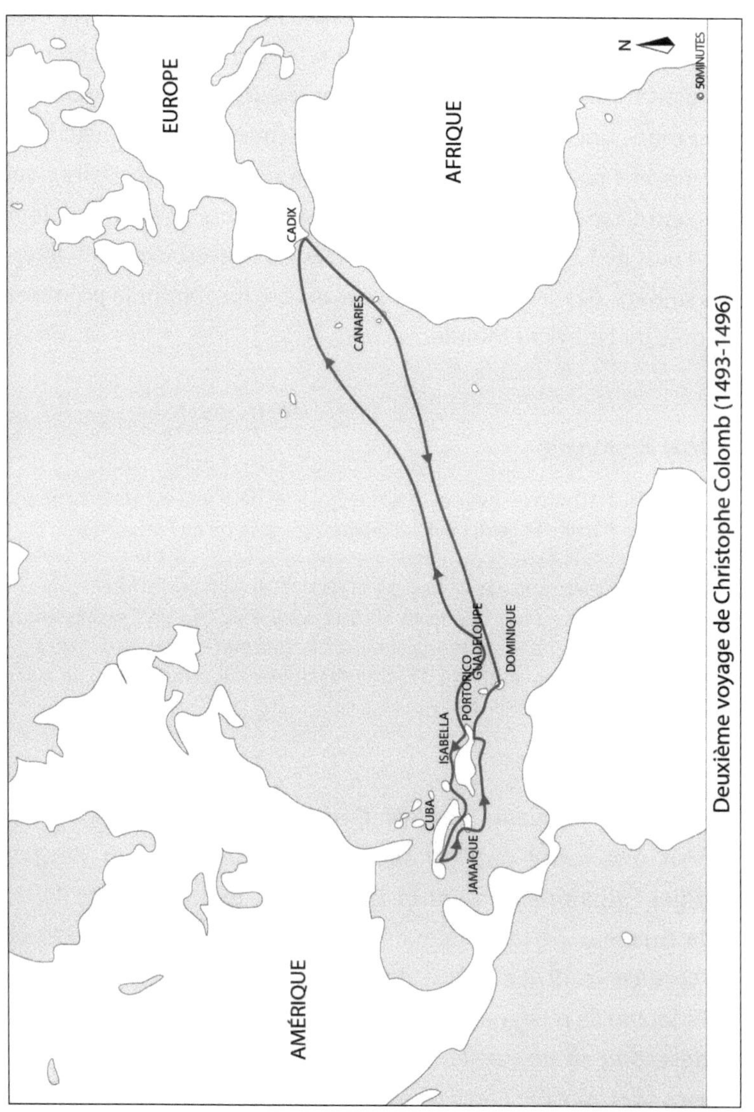

Deuxième voyage de Christophe Colomb (1493-1496)

La réussite de Christophe Colomb réjouit les rois catholiques qui entendent bien faire reconnaître leur empire. En juin 1494, c'est chose faite avec le traité de Tordesillas. Mais pour l'heure, il faut repartir pour ravitailler ceux qui sont restés, et surtout commencer l'exploitation et la conquête de ces nouvelles terres. En moins de cinq mois, une deuxième expédition est mise en place avec tous les moyens nécessaires. Ce ne sont plus trois, mais 17 navires qui quittent l'Espagne depuis Cadix le 25 septembre 1493, avec à leur bord plus de 1 200 hommes, parmi lesquels on retrouve des nobles, des soldats, des religieux et des paysans qui formeront la première colonie du Nouveau Monde.

Passant de nouveau par les Canaries, Christophe Colomb choisit une route plus au sud-ouest et découvre les Petites Antilles, plus précisément la Dominique, le 3 novembre 1493, et la Guadeloupe le lendemain. S'ensuivent Santa Cruz le 14 et Porto Rico le 19. Le moral des marins est donc au beau fixe, mais lorsqu'ils rejoignent Hispaniola et Natividad le 27 novembre, le désespoir se lit sur leur visage. Les hommes qu'ils y avaient laissés sont morts : certains se sont entretués, d'autres n'ont pu guérir de leur maladie et les derniers ont subi les représailles des

Indiens déjà exploités. Repartant plus à l'est, Christophe Colomb trouve un emplacement pour la première colonie, qu'il nomme Isabella en l'honneur de la reine. Le 6 janvier 1494, une première messe est célébrée.

En avril 1494, il longe les côtes au sud de Cuba, tentant de déterminer s'il s'agit d'une île ou non. Mais l'amiral rebrousse chemin trop vite et décrète devant notaire que Cuba est le début du continent asiatique. Le 5 mai, il atteint la Jamaïque, portant à une centaine le nombre d'îles découvertes.

Dans la colonie Isabella, l'émerveillement des premiers jours laisse place à la désolation. Les colons sont en effet confrontés au cannibalisme des Indiens et à leurs attaques incessantes. De plus, une nouvelle maladie touche les hommes, la syphilis, qu'ils emporteront avec eux en Europe. Enfin, les ressources manquent, ce qui rend les conditions de vie particulièrement difficiles. Pour les Indiens, la situation n'est guère enviable : ils sont exploités et leurs femmes leur sont enlevées. Seul réconfort, de l'or est enfin découvert sur Hispaniola. Christophe Colomb a ainsi accompli sa mission et peut repartir en Espagne au mois de mars 1496. Il arrive à Cadix le 11 juin.

UN AUTRE MONDE

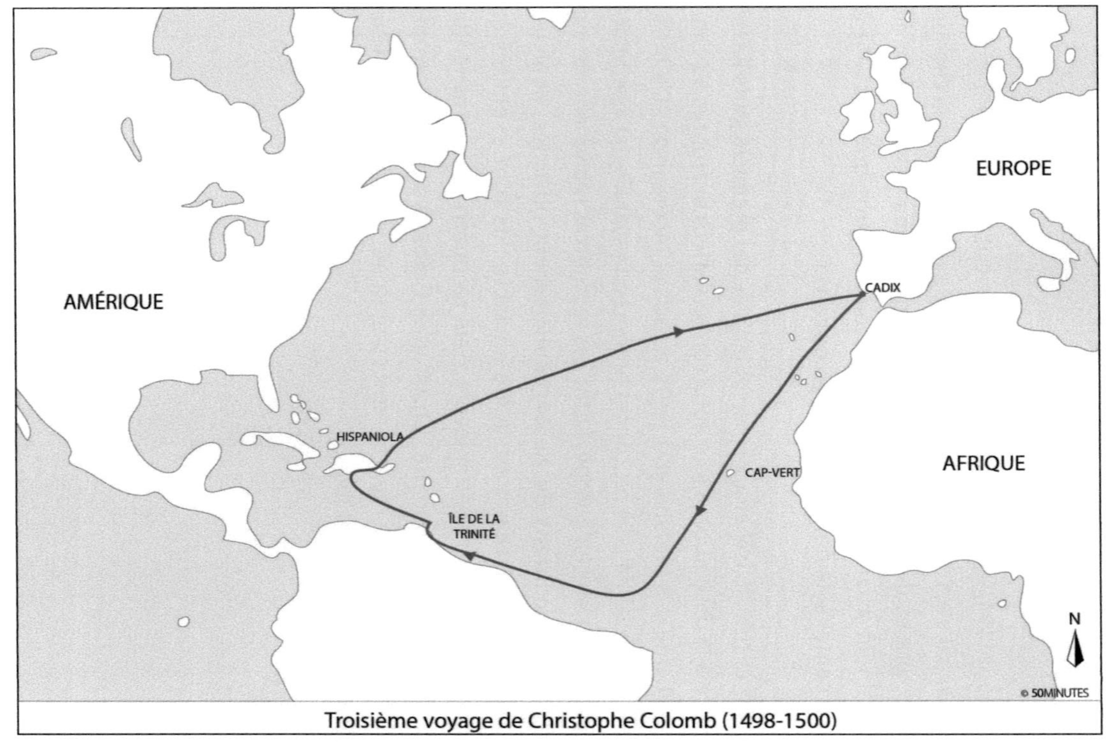

Troisième voyage de Christophe Colomb (1498-1500)

En Espagne, l'euphorie du premier voyage s'est dissipée. La réalité est en effet loin des promesses faites par le navigateur. L'Espagne s'est bel et bien agrandie de quelques îles, mais celles-ci ne possèdent pas les richesses attendues et le peu d'or découvert ne remplit pas les caisses de l'État.

Ce n'est qu'au mois de mai 1498 que Christophe Colomb peut repartir avec de nouveaux colons. Au total, ce sont six caravelles qui sont apprêtées. Si trois d'entre elles partent directement pour Hispaniola, les trois autres, guidées par l'amiral, rejoignent le Cap-Vert afin de suivre une route encore plus au sud-ouest que la précédente. Cette fois, l'explorateur veut découvrir la terre ferme du continent asiatique.

Le 31 juillet, pensant toucher les côtes de l'Inde, Christophe Colomb accoste sur le continent sud-américain. Sans le savoir, il est le premier à poser le pied sur un nouveau continent qui apportera l'or tant attendu. Dans le même temps, il découvre l'île de La Trinité, puis l'embouchure de l'Orénoque. Mais l'importance de ce fleuve le fait s'interroger sur sa provenance et il conclut que le territoire qu'il vient d'atteindre ne peut être l'Inde. Ne pouvant assimiler un nouveau continent à sa géographie héritée de l'Antiquité, Christophe Colomb en vient à la conclusion qu'il s'agit du paradis terrestre, l'Éden.

De retour à Hispaniola, il constate que la situation n'a fait qu'empirer dans la colonie et que la mine d'or n'est pas rentable. La rébellion gronde et l'amiral est jugé responsable du désastre. Par deux fois, la guerre civile éclate, contraignant Christophe Colomb à suspendre son exploration. Il prend alors des mesures brutales, exécutant les contestataires et répartissant les terres et les Indiens entre les colons. Ainsi, bien qu'excellent navigateur, l'amiral s'avère être un très mauvais gouverneur. Lorsque les souverains espagnols prennent connaissance de la situation, ils décident de reprendre les choses en main et envoient en août 1500 un nouveau gouverneur qui destitue et arrête Christophe Colomb. Ce dernier est renvoyé à fond de cale en Espagne en novembre. Il est ensuite libéré, mais il perd son titre de vice-roi et de gouverneur des Indes.

À LA RECHERCHE DU PASSAGE

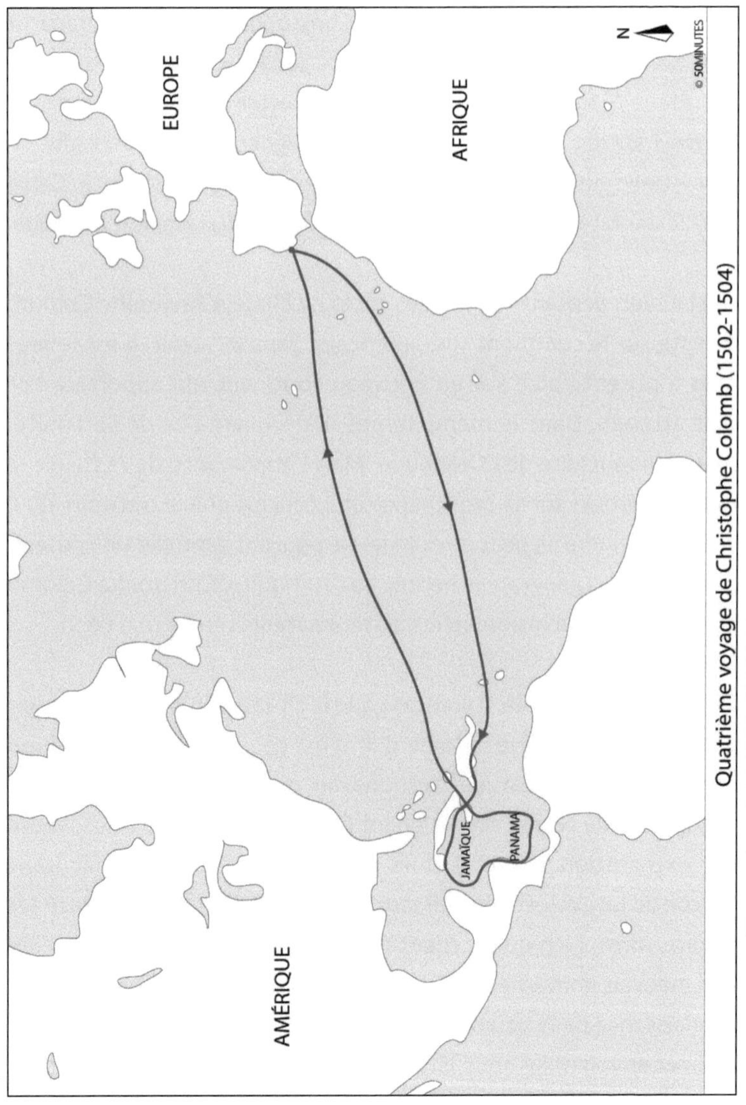

Débarrassé des soucis de gouvernance, Christophe Colomb n'a plus qu'une idée en tête : repartir pour un quatrième voyage et enfin rejoindre l'Inde. Persuadé qu'il doit trouver le détroit de Malacca (entre la Malaisie et l'Indonésie) pour atteindre son objectif, il se lance le 11 mai 1502 à la recherche de ce fameux passage.

Interdit à Hispaniola, il poursuit son chemin vers Cuba, prend un cap nord-ouest puis sud-ouest et, une fois de plus, atteint le continent américain en août 1502. Il longe les côtes du Honduras, puis celles du Costa Rica et du Panama pendant tout l'été, et, durant l'automne, subit tempêtes et ouragans. Il finit par accoster au Panama pour y passer l'hiver. Bien que persuadé de l'existence d'un océan de l'autre côté, il ne trouve pas de passage. Pourtant l'océan Pacifique se situe bien de l'autre côté et, 400 ans plus tard, un canal sera construit pour y donner accès.

Malade, Christophe Colomb décide de repartir, mais le sort s'acharne sur lui. Subissant une nouvelle tempête en juin 1503, il est obligé d'accoster en Jamaïque où ses navires sont détruits. Ce n'est qu'au bout d'un an qu'il voit les secours arriver. Le 7 novembre 1504, celui qui a découvert et exploré tant de terres est de retour en Espagne. C'est la fin de son voyage. Son état de santé s'aggrave et, le 20 mai 1506, celui qui a fait entrer l'Amérique dans notre histoire s'éteint à Valladolid.

RÉPERCUSSIONS DE L'EXPÉDITION

L'HÉGÉMONIE DE L'EUROPE SUR LE MONDE

La découverte de Christophe Colomb en 1492, de même que l'ouverture des routes vers l'Orient par l'Afrique, change à tout jamais la place de l'Europe dans le monde. Même si le Nouveau Monde met d'abord les Européens à rude épreuve, il finit toutefois par livrer les richesses tant attendues. Au début du XVIe siècle sont donc lancées de véritables entreprises de conquête dont il résultera la première colonisation européenne, tant d'un point de vue politique et économique que religieux et culturel.

Partant dans l'inconnu, les premiers conquistadors, à l'image de Francisco Pizarro (vers 1475-1541) et d'Hernan Cortez (1485-1547), s'emparent et soumettent les puissants Empires aztèque – en 1521 – et inca – en 1533. L'or qu'ils y découvrent fait la prospérité de l'Europe et les possibilités commerciales semblent infinies. L'Europe, qui se sentait à l'étroit dans ses frontières, dispose désormais de tout l'espace nécessaire à son expansion. L'Espagne et le Portugal sont les premiers à devenir de grands empires coloniaux. Désireux d'avoir leur part du gâteau, les autres nations prendront également la mer en quête de profit. Les Anglais en Amérique du Nord, les Français au Canada, les Néerlandais en Orient : tous se lancent dans l'aventure.

Sans s'en rendre compte, les explorateurs réalisent la première mondialisation, dominée par l'Europe via un système de colonies qui ne s'achèvera que dans le courant du XXe siècle. Fruit d'un processus long et complexe, l'Europe en a fini avec le Moyen Âge. Elle entre désormais dans les Temps modernes.

LE CHOC MICROBIEN ET ETHNOCIDE DES POPULATIONS D'AMÉRIQUE

L'expansion économique de l'Europe se fait néanmoins aux dépens des populations amérindiennes. Fascinés dans un premier temps par les Espagnols, les Indiens d'Amérique prennent trop tard conscience du danger qu'ils représentent pour leur civilisation. Même s'il est difficile de donner un pourcentage exact, tous les scientifiques reconnaissent à l'heure actuelle que la population amérindienne a considérablement chuté avec l'arrivée des Européens.

C'est la violence et la guerre qui font les premières victimes. Assoiffés de profit, les colons et les conquistadors asservissent progressivement les Indiens, les réduisant au travail forcé et à l'esclavage. Toutefois, la cause la plus importante de cette chute de la population est due à un important choc microbien. Isolés pendant des siècles du reste du monde, les Indiens n'ont pas un système immunitaire adéquat pour résister aux maladies venues d'Europe. Dès lors, les épidémies s'enchaînent et un simple rhume peut leur donner la mort. La moitié, voire les trois quarts, de la population ne peut résister à ce choc microbien. Alors, pour remplacer les Indiens, les Européens mettent en place la traite négrière qui voit des millions d'Africains réduits en esclave et envoyés en Amérique.

Enfin, c'est un véritable ethnocide que subissent les populations d'Amérique. En effet, les Européens modifient profondément l'organisation politique du territoire en imposant leur culture et leur religion. Les anciennes croyances indiennes sont dès lors bafouées, entraînant toute une société dans une profonde dépression. Il faut attendre le XVIIIe siècle pour que cette population recommence à croître.

UNE GÉOGRAPHIE À JAMAIS BOULEVERSÉE

Au-delà de l'enrichissement des uns et de la tragédie des autres, les découvertes de Christophe Colomb et de ses successeurs bouleversent le champ des connaissances. Au début du XVIe siècle, Amerigo Vespucci (navigateur italien, 1454-1512) est le premier à préciser qu'il s'agit d'un nouveau continent et donne par conséquent son nom à l'Amérique.

Par cette prise de conscience, la géographie se perfectionne et une nouvelle conception du monde voit le jour. Les expéditions s'enchaînent et les lignes des côtes se précisent. À l'ouest, entre l'Europe et l'Asie, il faut désormais compter sur l'Amérique.

L'accroissement des connaissances ne se limite toutefois pas à la géographie. Les grandes découvertes révolutionnent également la navigation et la climatologie avec l'étude des moussons et des alizés. Des milliers d'espèces nouvelles apparaissent aux zoologistes et aux botanistes. L'arrivée de nouvelles denrées et d'aliments tels que la pomme de terre ou le maïs modifient le régime alimentaire des Européens. Les champs de recherche pour la science semblent désormais infinis. Par ailleurs, la rencontre de populations jusqu'alors inconnues entraîne une réflexion sur le statut de l'être humain, telle que la controverse de Valladolid entre Bartolomé de Las Casas (prélat espagnol, 1474-1566), qui soutient que les Amérindiens sont des êtres humains au même titre que les Européens, et Juan Ginés de Sepúlveda (théologien espagnol, 1490-1573), qui les considère comme inférieurs. Ainsi, la culture européenne modifie sa conception de l'être humain et de sa place dans un monde toujours plus grand et pluriel.

25 août-31 oct. 1451	Naissance de Christophe Colomb
2 janv. 1492	Fin de la Reconquista
3 août 1492	Départ première expédition
15 mars 1493	Retour première expédition
25 sept. 1493	Départ deuxième expédition
7 juin 1494	Traité de Tordesillas
11 juin 1496	Retour deuxième expédition
30 mai 1498	Départ troisième expédition
25 nov. 1500	Retour troisième expédition
11 mai 1502	Départ quatrième et dernière expédition
7 nov. 1504	Retour définitif
20 mai 1506	Décès

Christophe Colomb © 50MINUTES. com

- Christophe Colomb naît à Gènes entre le 25 août et le 31 octobre 1451. Après plusieurs années d'expérience en mer, il émet le désir d'atteindre les Indes par l'ouest en traversant l'océan Atlantique.

- Après le refus du roi Jean II du Portugal de financer son expédition, Christophe Colomb se rend à la cour des souverains espagnols Isabelle de Castille et Ferdinand II d'Aragon. Ces derniers sont néanmoins occupés par la reconquête de Grenade et mettent le projet du navigateur en suspens.

- Suite à la prise de Grenade en janvier 1492, les rois catholiques acceptent de financer l'expédition de Christophe Colomb, qui devient amiral de la mer Océane. Il affrète aussitôt trois navires : la *Pinta*, la *Niña* et la *Santa Maria*.

- Le 3 août 1492, Christophe Colomb débute son expédition au départ de Palos. Après une escale aux Canaries, il se lance dans l'aventure à l'ouest en suivant les alizés.

- La traversée est rude pour les marins. Confrontés à des phénomènes étranges tels que la mer des Sargasses ou des signes d'espoir sans suite, ils finissent par trouver le trajet long et s'impatientent. Le 10 octobre, Christophe Colomb évite de justesse une mutinerie.

- Le 12 octobre 1492, l'amiral aperçoit enfin la terre. Sans s'en rendre compte, il vient de découvrir un nouveau continent : l'Amérique. Lors de ce premier voyage, Christophe Colomb découvre les Bahamas, Cuba et Hispaniola. Il rentre ensuite en Espagne.

- Fort de sa réussite, il repart en septembre 1493 pour fonder la première colonie du Nouveau Monde. Il en profite pour découvrir et explorer les Petites Antilles, le sud de Cuba et la Jamaïque. En mars 1496, il repart pour l'Espagne en vue de préparer un troisième voyage.

- Christophe Colomb doit attendre le mois de mai 1498 pour repartir. Prenant un cap plus au sud, il touche pour la première fois le continent sud-américain. Il découvre l'île de La Trinité et l'embouchure de l'Orénoque.

- Il rejoint ensuite la colonie d'Espagnols restés sur l'île d'Hispaniola, où la situation est désastreuse. Accusé de mauvaise gestion, Christophe Colomb est arrêté, déchu de son titre de gouverneur et renvoyé à fond de cale en Espagne en 1500.

- Libéré par les souverains, l'amiral repart en 1502 pour un dernier voyage. Il cherche alors un passage vers l'Asie et l'Inde, mais se retrouve bloqué par les côtes du Honduras, du Costa Rica et du Panama. C'est un échec.

- Fatigué et usé par la maladie, Christophe Colomb décide de rentrer en Espagne. Un ouragan le fait échouer en Jamaïque, où il doit attendre les secours pendant un an. Il revient en Espagne en 1504 et meurt deux ans plus tard à Valladolid.

- Fatigué et usé par la maladie, Christophe Colomb décide de rentrer en Espagne. Un ouragan le fait échouer en Jamaïque, où il doit attendre les secours pendant un an. Il revient en Espagne en 1504 et meurt deux ans plus tard à Valladolid.

POUR ALLER PLUS LOIN

SOURCES BIBLIOGRAPHIQUES

- ALMAGIA (Roberto) *et alii, Les conséquences de la découverte de l'Amérique par Christophe Colomb*, Paris, Palais de la découverte, 1951.
- BALARD (Michel), *Christophe Colomb. Journal de bord 1492-1493*, Paris, Imprimerie nationale, 1992.
- BERNAND (Carmen) et GRUZINSKI (Serge), *Histoire du Nouveau Monde. De la découverte à la conquête*, Paris, Fayard, 1991.
- « Christophe Colomb. Magellan et le tour du monde » in *Histoire universelle. L'ère des découvertes européennes*, t. 13, Paris, Hachette, 2006.
- FAVIER (Jean), *De Marco Polo à Christophe Colomb (1250-1492)*, Paris, Larousse, 1968.
- FAVIER (Jean), *Les grandes découvertes d'Alexandre à Magellan*, Paris, Fayard, 1991.
- HEERS (Jacques), *Christophe Colomb*, Paris, Hachette, 1991.
- « Les découvertes géographiques des Portugais aux XVe et XVIe siècles » in *Histoire universelle. L'ère des découvertes européennes*, tome 13, Paris, Hachette, 2006.
- TODOROV (Tzvetan), *La conquête de l'Amérique. La question de l'autre*, Paris, Seuil, 1982.

SOURCES COMPLÉMENTAIRES

- BENNASSAR (Bartolomé) et BENNASSAR (Lucile), *1492. Un monde nouveau ?*, Paris, Perrin, 1991.
- BERNARD (Vincent), *1492. L'année admirable*, Paris, Flammarion, 1996.

- CHAUNU (Pierre), *Conquête et exploitation des nouveaux mondes*, Paris, PUF, 1969.
- HEERS (Jacques), *La découverte de l'Amérique*, Bruxelles, Complexe, 1991.
- MOUSTAPHA (Monique) et GUIDI (José), *Christophe Colomb et la découverte de l'Amérique. Réalités, imaginaires et réinterprétations*, Aix-en-Provence, Université de Provence, 1994.

LITTÉRATURE

- CLAUDEL (Paul), *Le Livre de Christophe Colomb*, 1927.
- SCOTT CARD (Orson), *La Rédemption de Christophe Colomb*, 1996.
- GIRARD (Patrick), *Christophe Colomb, le voyageur de l'infini*, 2010.

FILMS ET DOCUMENTAIRE

- *1492 : Christophe Colomb*, film de Ridley Scott, avec Gérard Depardieu, Sigourney Weaver et Armand Assante, France, Espagne et Royaume-Uni, 1992.
- *Christophe Colomb : La Découverte*, film de John Glen, avec Marlon Brando, Tom Selleck et Georges Corraface, Royaume-Uni, États-Unis et Espagne 1992.
- *Christophe Colomb, l'énigme*, film de Manoel di Oliviera, avec Ricardo Trêpa et Leonor Baldaque, Portugal, 2007.
- *Le Monde selon Christophe Colomb*, documentaire de Paolo Santoni, France, 2012.

MUSÉE ET MONUMENTS COMMÉMORATIFS

- Le phare de Colomb à Saint-Domingue (République dominicaine).
- Bibliothèque colombine de Séville (Espagne).
- La maison musée de Colomb à Valladolid (Espagne).
- Reproduction de la *Niña*, *Pinta* et *Santa Maria* à Palos (Espagne).

Éditeur responsable : Lemaitre Publishing
Rue Lemaitre 6 | BE-5000 Namur
info@lemaitre-editions.com

ISBN ebook : 978-2-8062-5457-3
ISBN papier : 978-2-8062-5635-5
Dépôt légal : D/2014/12603/61
Photo de couverture : © L. Prang & Co.

Conception numérique : Primento,
le partenaire numérique des éditeurs